LES RECETTES DES FILMS DU STUDIO GHIBLI

Minh-Tri Vo aux fourneaux
Photographies mitonnées par Apolline Cartier
Contextes concoctés par Claire-France Thévenon

YNNIS
ÉDITIONS

C/O YNNIS ÉDITIONS
38 rue Notre-Dame-de-Nazareth
75003 PARIS
https://ynnis-editions.fr
Ynnis Éditions
@YnnisEditions

Minh-Tri Vo aux fourneaux
Photographies mitonnées par Apolline Cartier
Contextes concoctés par Claire-France Thévenon

Direction de publication aux petits oignons par Cedric Littardi
Direction éditoriale déglacée par Sébastien Rost
Édition française braisée par Philippe Vallotti
Correction attendrie par Eugénie Michel
Couverture hachée menu par Sébastien Rost
Maquette et illustrations originales dressées par Cerise Heurteur
Fabrication marinée par Céline Antoine
Communication et marketing flambés par Camille Nogueira, Thomas Thus
Coordination cuite à sa façon par Jeanne Bucher

SOMMAIRE

LES RECETTES SALÉES

LES RECETTES SUCRÉES

LES RECETTES SALÉES

MON VOISIN TOTORO
Hayao Miyazaki, 1988

LE BENTÔ DE TOTORO

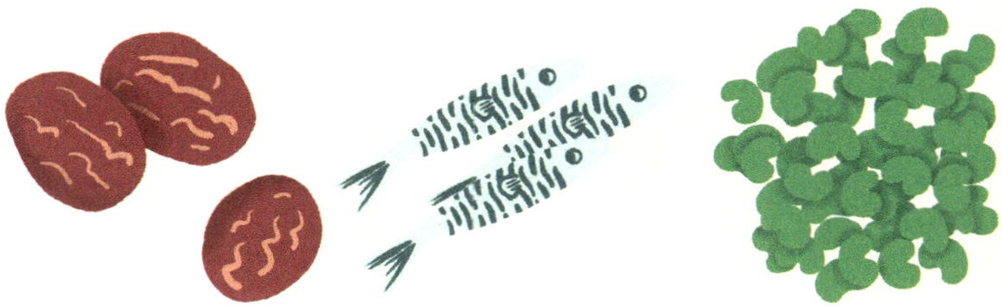

CONTEXTE

Le *bentô* est un repas japonais à emporter servi dans une boîte. Il peut être industriel, acheté dans un *konbini* (épicerie ouverte en permanence) ou, de manière plus traditionnelle, fait maison. Fondamentalement équilibré à l'image de la nourriture japonaise, il se compose majoritairement de riz, d'une portion de protéines ainsi que de légumes ou de fruits. Cette spécialité pourrait être comparée à des « gamelles » ou *lunch boxes*, mais ces appellations seraient réductrices, car elles omettraient une des caractéristiques majeures du plat : l'esthétisme. Un *bentô* doit être aussi beau que bon. La tradition veut que sa préparation incombe à la femme japonaise, qui mitonne ce dernier pour son mari ou ses enfants.

Dans *Mon voisin Totoro*, Satsuki, 10 ans, et sa sœur Mei, 4 ans, vivent seules avec leur père en l'absence de leur mère, hospitalisée. Avant de rencontrer l'Esprit de la forêt qui leur fera échapper à la morosité du quotidien, Satsuki prépare un *bentô* pour un pique-nique. Ce repas simple et esthétique n'est pas anodin. Il expose le lourd rôle de mère de famille assumé par la fillette.

40 min

DIFFICULTÉ :

INGRÉDIENTS

120 g de riz
2 éperlans *shishamo* surgelés
Huile d'olive
100 g de filet de poisson type dorade
0,5 ml de saké
2 cuillères à soupe de sucre
1 cuillère à café de sel
2 gouttes de colorant rouge
2 jujubes secs
30 fèves *edamame*

NOTE

Renseignez-vous sur les magasins spécialisés en nourriture asiatique autour de chez vous. Il sera plus facile d'y trouver certains ingrédients de ce livre comme les *shishamo*, les algues *nori* ou les nouilles *soba* !

RECETTE

1 Dans une casserole d'eau, faites cuire le riz. Pendant ce temps, préparez les *shishamo* en les décongelant, puis en les mettant à poêler à feu moyen. Ajoutez de l'huile et faites cuire pendant 5 min. Retournez le poisson et faites cuire à nouveau pendant 5 min. Placez-le ensuite sur un papier essuie-tout pour éponger l'huile.

2 Dans une autre casserole, faites bouillir de l'eau. Plongez-y la dorade. Lorsqu'elle devient un peu friable, égouttez-la et mettez-la dans une assiette. Si le filet de dorade est congelé, décongelez-le simplement.

NOTES

3 Dans une poêle à feu moyen, disposez la dorade, puis versez le saké, le sucre et le sel. Émiettez bien cette dernière. Remuez jusqu'à ce que tout le liquide se soit évaporé.

4 Ajoutez le colorant rouge et un peu d'eau pour obtenir la nuance désirée, et passez le tout à feu doux. Mélangez.

NOTES

5 Dans les *bentô*, versez le riz cuit au fond, puis mettez un *shishamo* et un jujube par *bentô*, et étalez les miettes de dorade dans un petit rectangle. Placez les fèves *edamame* dans le rectangle opposé.

C'EST TERMINÉ !

PRINCESSE MONONOKÉ
Hayao Miyazaki, 1997

OKAYU

CONTEXTE

Ashitaka est prisonnier d'une malédiction jetée par un démon. Pour lever le maléfice, son chemin va l'amener à la rencontre des esprits de la forêt et de San, la princesse Mononoké. Hayao Miyazaki propose un film médiéval dans les thèmes animistes qui lui sont chers, comme celui de la nécessité de l'homme à vivre en harmonie avec la nature.

Dans son aventure, le jeune héros Ashitaka fait la connaissance de Jiko, un moine vagabond. Ils partagent un repas en pleine nature jusqu'à ce que le vieil homme lui explique qu'ils sont en fait au milieu de vestiges d'un village saccagé par les esprits.

Le moine sert au jeune homme une sorte de soupe de riz qu'il assaisonne avec ce qui pourrait être de la pâte miso. Appelée *okayu*, cette bouillie est généralement donnée aux enfants ou aux gens malades. On lui prête des vertus curatives, notamment pour les maux d'estomac. Elle peut être épaissie avec des œufs et accompagnée de saumon, d'*umeboshi* (prunes séchées) et/ou, comme dans le film, de ciboulette.

20 min

DIFFICULTÉ :

INGRÉDIENTS

4 œufs
1 cuillère à soupe de poudre de poulet
2 cuillères à café de fécule de maïs (type Maïzena)
1 cuillère à soupe de pâte de soja*
60 g de riz jasmin
1 à 3 tiges de coriandre
1 pincée de poivre
1 pincée d'oignon frit

* Dans toutes les recettes, la pâte de soja peut être remplacée par de la sauce soja. Attention, la sauce soja peut contenir du gluten.

1 Faites bouillir 1 l d'eau dans une casserole. En attendant, faites chauffer une poêle et préparez une omelette avec 1 œuf. Au bout de 2 à 3 min à feu vif, sortez-la de la poêle et coupez-la en lamelles.

2 Quand l'eau bout, ajoutez la poudre de poulet, la fécule de maïs préalablement diluée, les 3 œufs battus et la pâte de soja, à bien découper afin qu'elle fonde efficacement.

3 Dans une autre casserole, faites cuire le riz pendant 15 min. Lorsqu'il est prêt, versez-le dans le bouillon et laissez mijoter un peu jusqu'à obtenir une sorte de porridge.

4 Versez le bouillon dans un bol. Disposez les lamelles d'omelette et parsemez de coriandre, de poivre et d'oignon frit.

Ceci est une des nombreuses variantes d'*okayu*, plus gourmande que dans le film !

NOTES

C'EST TERMINÉ !

POMPOKO
Isao Takahata, 1994

BURGER MAISON

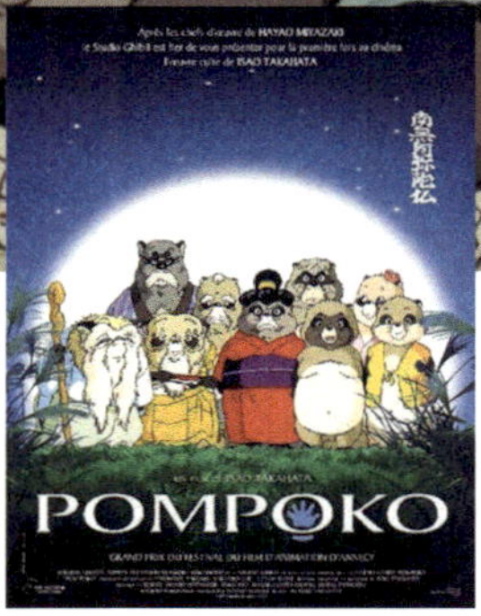

CONTEXTE

Face à l'avancée destructrice de l'homme sur la nature, les *tanuki* décident qu'il est urgent… d'attendre ! Ces gros ratons laveurs de la mythologie japonaise, animés d'une douce insouciance, célèbrent leur réunion contre l'envahisseur humain en dégustant de délicieux hamburgers de chez McDonald's. Dans leur emballage, ces derniers semblent gourmands et copieux. Les carnivores se régalent et savourent ces mets qu'ils jugent d'une « grande qualité nutritive ».

Toute cette scène est évidemment empreinte de l'ironie du réalisateur Isao Takahata. Les animaux, victimes de la progression des chantiers de la création du Grand Tokyo, se délectent en quelque sorte du goût de la vie moderne, qui les privera pourtant de leur habitat naturel.

Présent au Japon depuis 1971, McDonald's est une chaîne de restauration rapide très populaire au pays du Soleil-Levant, mais l'entreprise est aussi perçue comme un symbole d'industrialisation et de mondialisation. Ce repas, au-delà d'être un piège du monde moderne contre la nature, est aussi celui du monde occidental sur les *tanuki*, porteurs des traditions japonaises.

45 min

DIFFICULTÉ :

INGRÉDIENTS

175 g de viande hachée
(de préférence du porc)

1 œuf

1 gousse d'ail râpée

½ cuillère à café d'ail en poudre

1 cuillère à café de paprika

1 cuillère à soupe de poudre de poulet

½ cuillère à soupe de sauce de poisson

½ cuillère à café de sel

½ cuillère à café de poivre

Persil

½ oignon râpé

1 cuillère à soupe de farine

2 buns

Sauce de votre choix
(ketchup, moutarde, barbecue, etc.)

1 salade

1 tomate

1 oignon

Cheddar en morceaux ou en tranches

RECETTE

1 Dans un saladier, mettez la viande hachée, l'œuf, l'ail râpé et l'ail en poudre, le paprika, la poudre de poulet, la sauce de poisson, le sel, le poivre, le persil (à doser selon vos préférences) et l'oignon. Mélangez jusqu'à obtenir une farce homogène, puis ajoutez la farine. Malaxez et laissez reposer au frigo pendant 30 min.

NOTES

2 Chauffez une poêle et sortez la farce. À l'aide d'une cuillère à soupe, prenez une portion généreuse de viande et formez une boule. Aplatissez-la ensuite dans votre main et déposez-la dans la poêle huilée. Surveillez la viande et retournez-la toutes les 2 min jusqu'à ce qu'elle soit cuite comme vous le désirez.

NOTES

3 Coupez les buns en deux dans l'épaisseur. Étalez la sauce de votre choix sur les buns. Disposez dessus 1 à 2 feuilles de salade, puis 2 à 3 tranches de tomate et quelques lamelles d'oignon. Ensuite, placez la viande. Finissez avec le cheddar, puis mettez la moitié bombée des buns par-dessus.

4 Faites chauffer au four pendant 5 min.

C'EST TERMINÉ !

SOUVENIRS DE MARNIE
Hiromasa Yonebayashi, 2014

SALADE MARINE

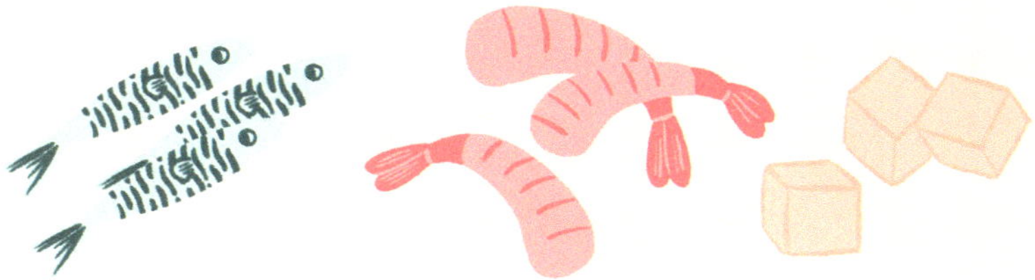

CONTEXTE

Souvenirs de Marnie raconte le mal-être d'Anna, une adolescente orpheline, envoyée à la campagne dans sa famille adoptive. Dans la région reculée d'Hokkaido, elle va tisser une amitié avec la fantomatique Marnie.

Après cette rencontre, elle partage le repas des Ôiwa qui l'hébergent. Sur la table, la nourriture est typiquement japonaise. Une salade accompagne un plat de poisson coupé en *sashimi* et des fruits de mer très répandus dans ces régions maritimes. Durant ce dîner, ses hôtes lui parlent du fantôme qui hante le manoir, confirmant le caractère surnaturel de sa rencontre avec Marnie.

Le père, Kiyomasa Ôiwa, plaisante sur les esprits tandis qu'il croque dans de tendres morceaux de potiron. Ces derniers sont des *kabocha no nimono*. Il s'agit d'une variété de potirons japonais à la peau verte, les *kabocha*, confits au soja et au mirin pour créer une douceur sucrée salée. Servi en accompagnement dans le film d'Hiromasa Yonebayashi, il est tellement tendre qu'il est aisément coupé à la baguette par le personnage.

35 min

DIFFICULTÉ :

INGRÉDIENTS

250 g d'amandes de mer non décortiquées

250 g de coques non décortiquées

250 g de bulots non décortiqués

250 g de crevettes roses

1 oignon

1 citron

6 belles feuilles de salade
(laitue, de préférence)

10 tomates cerises (ou des rondelles de tomate)

15 olives noires

150 g de fromage en dés
(type gouda, mimolette)

RECETTE

1 Dans une casserole, faites bouillir 1 l d'eau et plongez dedans les fruits de mer, sauf les crevettes. Attendez pendant 15 à 20 min, puis sortez-les et égouttez-les. Laissez refroidir. Pendant ce temps, décortiquez les crevettes, puis coupez-les en cubes et mettez-les dans un bol.

2 Émincez l'oignon dans le bol. Coupez le citron en deux, pressez la moitié dans le bol et mélangez le tout.

NOTES

3 Séparez et lavez les feuilles de salade. À l'aide d'une cuillère à café, étalez dessus le contenu du bol. Pressez l'autre moitié du citron sur l'ensemble.

NOTES

4 Dressez une assiette avec de la salade, des tomates, des olives et des cubes de fromage, et servez avec les fruits de mer.

C'EST TERMINÉ !

LES CONTES DE TERREMER
Gorô Miyazaki, 2006

SOUPE DE LÉGUMES

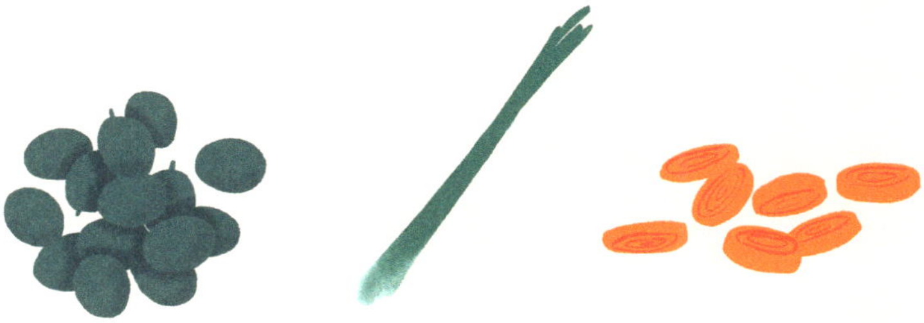

CONTEXTE

Adaptation de livres d'heroic fantasy remplis de dragons et de magie, *Les Contes de Terremer* suivent l'Archimage Épervier et le prince Arren. Ce dernier a fui son royaume après avoir assassiné son père, le roi. Perturbé par l'horreur de son acte, il se perd dans ses pensées et finit capturé par des marchands d'esclaves. Il est finalement libéré par l'Archimage.

Pour que le jeune prince puisse se remettre de ses émotions, Épervier demande asile à une proche, Tenar, au beau milieu de la nuit. Elle sert une soupe à son vieil ami afin de le réchauffer. Celle-ci, mijotant dans une grande marmite, semble composée de tubercules, d'olives et de tomates. Elle s'inspire en apparence de la cuisine méditerranéenne. Les paysages globalement arides de Terremer évoquent aussi visuellement cette région. Épervier, éternel voyageur aux allures de Bédouin, accentue cette impression.

Ce repas simple au coin du feu montre également le lien de proximité et la chaleur entre les personnages qui ne se sont pas vus depuis cinq ans.

40 min

DIFFICULTÉ :

INGRÉDIENTS

1 poireau
1 radis blanc
2 carottes
1 courgette
1 oignon
3 cuillères à soupe d'huile d'olive
1 pincée de curcuma en poudre
Sel et poivre

1,5 l d'eau chaude
1 cuillère à soupe de poudre de poulet
50 g de petits pois
Une vingtaine d'olives
30 g de vermicelles
400 g de sauce tomate
1 cuillère à soupe de persil haché
1 cuillère à soupe de coriandre hachée

RECETTE

1 Découpez le poireau, le radis, les carottes, la courgette et l'oignon en rondelles.

2 Versez l'huile d'olive dans une marmite, puis ajoutez le poireau et l'oignon. Faites chauffer à feu moyen pendant 3 min, en couvrant la marmite.

NOTES

3 Mettez ensuite les carottes, les courgettes, le radis et le curcuma. Salez et poivrez à votre convenance et mélangez le tout.

4 Ajoutez l'eau chaude, ainsi que la poudre de poulet, les petits pois et les olives. Couvrez et faites cuire pendant 20 min. Pendant ce temps, trempez les vermicelles dans de l'eau froide pour les hydrater, puis coupez-les pour en faire des portions, que vous placerez dans 4 bols.

NOTES

5 Incorporez la sauce tomate, le persil et la coriandre dans la marmite et mélangez. Laissez cuire encore 5 min. Versez la soupe dans les bols et dégustez !

C'EST TERMINÉ !

LE CHÂTEAU AMBULANT
Hayao Miyazaki, 2004

LE CROQUE DE HURLE

CONTEXTE

Sophie est prisonnière du maléfice d'une sorcière qui la prive de sa jeunesse, la transformant en une grand-mère. Elle trouve refuge dans le château ambulant, forteresse aux pouvoirs magiques appartenant au magicien Hauru. Elle s'improvise alors femme de ménage et prépare le petit-déjeuner pour ce dernier et pour l'apprenti du sorcier.

La scène de préparation du repas est importante, car Hauru ne reconnaît pas la vraie identité de Sophie. Il lui reprend des mains la poêle dans laquelle elle prépare des œufs et du lard, afin d'épargner des efforts à une femme qui lui paraît âgée. Cependant, leurs mains se touchent et le réalisateur montre le trouble de la jeune fille à ce contact.

Avec des décors assurément européens, c'est davantage vers un déjeuner anglais que se dirige le repas, qui est accompagné par du pain de seigle et du fromage. Il a l'air d'être un peu gras et de tenir au corps, mais de donner de l'énergie. Incapable de parler du sortilège qui la touche, Sophie décide de se défouler en faisant le ménage. « Prenons des forces ! » déclare-t-elle avant de manger son plat.

15 min

DIFFICULTÉ :

INGRÉDIENTS

2 tranches de bacon
Huile de cuisson
2 œufs
Set et poivre
Ail en poudre
1 tranche de pain de mie sans croûte

RECETTE

1 Faites cuire les tranches de bacon de chaque côté dans une poêle huilée jusqu'à ce qu'elles deviennent bien croustillantes.

2 Pendant ce temps, battez les œufs en les salant et les poivrant à votre convenance. Saupoudrez également d'un peu d'ail en poudre.

NOTES

3 Coupez en deux la tranche de pain de mie.

4 Versez les œufs dans la poêle chaude et mettez les tranches de pain au centre, puis retournez-les immédiatement.

5 Lorsque les œufs se sont solidifiés, pliez l'omelette vers l'intérieur à chaque extrémité.

6 Découpez les tranches de bacon cuit et déposez-les sur l'omelette.

NOTES

7 Repliez le tout rapidement afin d'avoir une tranche de pain de chaque côté.

C'EST TERMINÉ !

LE VOYAGE DE CHIHIRO
Hayao Miyazaki, 2001

ONIGIRIS AU THON

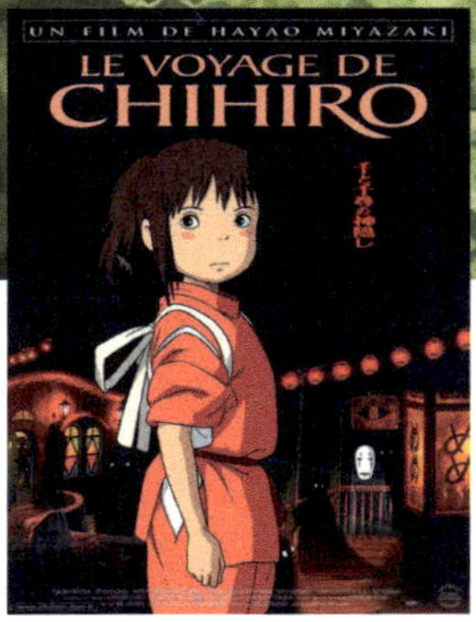

CONTEXTE

Second plus gros succès du cinéma japonais à l'étranger, le film de Hayao Miyazaki raconte les aventures de la petite Chihiro, coincée dans la source thermale (aussi appelée *onsen*) des esprits du folklore japonais.

Entrés dans le royaume des dieux par accident, les parents de la petite fille se gavent sans permission d'appétissants buffets de viande qui les changent en porcs. Quant à Chihiro, elle n'ingère rien et évite de subir le même sort. Elle est ensuite secourue par un mystérieux garçon, Haku, qui l'aide à trouver un travail dans les bains thermaux pour sauver sa vie. Pour qu'elle récupère, il lui offre un onigiri ensorcelé qui lui donnera des forces et l'empêchera de se transformer en cochon.

Véritable joyau de la *street food* japonaise, l'onigiri est une boule de riz souvent présentée en triangle et entourée d'une feuille d'algue *nori*. Il peut être fourré au poisson, aux prunes *umeboshi* ou à divers types de viandes ou de condiments. Simple, copieux et assez sain, il est en opposition avec la nourriture très riche engloutie par les parents de Chihiro.

30 min

DIFFICULTÉ :

INGRÉDIENTS

150-200 g de riz jasmin
4 cuillères à soupe de vinaigre d'alcool blanc
Sel
Sucre
1 boîte de thon nature de 500 g
Mayonnaise
4 feuille d'algue *nori*

RECETTE

1 Lavez bien le riz dans une casserole. Égouttez et rincez jusqu'à ce que l'eau soit nette. Astuce : le volume d'eau doit dépasser celui du riz d'une demi-phalange. Faites cuire le riz.

2 Une fois le riz cuit, versez le vinaigre d'alcool blanc dessus et mélangez avec un peu de sel et de sucre.

NOTES

3 Émiettez le thon dans un bol et mélangez-le bien avec de la mayonnaise, à doser selon votre goût.

4 Mouillez-vous les mains, formez 4 galettes de riz, déposez sur chacune une couche plate de thon, puis une autre couche plate de riz par-dessus. Faites-en des boules, puis modelez les coins pour obtenir des triangles.

NOTES

5 Humectez les feuilles d'algue puis posez-les sous les onigiris.

C'EST TERMINÉ !

LA COLLINE AUX COQUELICOTS
Gorô Miyazaki, 2011

TEMPURAS DE CREVETTES

CONTEXTE

Umi est une adolescente sage vivant dans les hauteurs de Yokohama. En l'absence de sa mère travaillant à l'université, elle prend soin de sa fratrie tout comme de sa grand-mère. Elle gère la pension familiale et prépare régulièrement des repas traditionnels japonais pour tous ses habitants. Elle cuisine ainsi des tempuras de crevettes. Leur son lorsqu'ils sont déposés dans le plat suggère qu'ils sont légers et croquants. Ces délicieux beignets japonais sont le plus souvent frits à l'huile de sésame. Ils peuvent être dégustés seuls ou avec une soupe de pâtes appelée tempura *udon*.

Le tempura n'est pas forcément à la crevette, il est aussi très répandu aux légumes ou à diverses sortes de poissons et fruits de mer. Inspirée de beignets apportés par les navigateurs portugais, cette spécialité japonaise s'en distingue par la légèreté de la panure composée de friture de farine de blé, aussi appelée *tenkasu*.

Le calme d'Umi manipulant les tempuras avec ses baguettes dans l'huile bouillante montre son habitude de cuisiner et la maturité dont elle fait preuve au quotidien.

15 min

DIFFICULTÉ :

INGRÉDIENTS

Huile de friture

10 crevettes

1 œuf

200 ml d'eau fraîche

125 g de farine de blé

Chapelure
(suffisamment pour recouvrir les crevettes)

1 Faites chauffer l'huile de friture dans une poêle. Pendant ce temps, décortiquez les crevettes, puis, dans un récipient, battez l'œuf en y ajoutant l'eau fraîche. Dans une assiette, mettez la farine, passée au tamis fin. Dans un dernier plat, versez la chapelure.

2 Roulez les crevettes dans la farine, puis plongez-les dans l'œuf battu en les tenant par la queue, avant de les rouler dans la chapelure.

3 Plongez-les dans l'huile de friture chaude et faites revenir des deux côtés. Il faut que la panure soit bien dorée de chaque côté. Astuce : avant de les servir, placez-les sur du papier absorbant.

4 Cette recette fonctionne également avec d'autres garnitures (tranches de poisson cru, seiche, poulpe, carottes, etc.).

C'EST TERMINÉ !

NOTES

PONYO SUR LA FALAISE
Hayao Miyazaki, 2008

RAMEN

CONTEXTE

Ponyo sur la falaise suit les aventures d'un poisson à tête humaine, Ponyo, la fille d'un sorcier et de la divinité des mers. Au contact de Sôsuke, 5 ans, Ponyo devient une petite fille qui ignore tout du monde et ne connaît comme seule nourriture que le jambon. La mère de son ami leur sert des ramens. Cette spécialité japonaise est une soupe de pâtes asiatiques fines ou épaisses (*udon*). Le bouillon peut être clair ou épais, et la garniture variée. Les ramens peuvent s'agrémenter de poisson, de viande, d'œufs mollets, de champignons, d'algues et de diverses épices. Peu coûteux, ce plat est souvent consommé au comptoir de petites échoppes appelées *yatai*.

La mère de Sôsuke ne cuisine pas des ramens maison, mais se contente de sachets de pâtes instantanées vendues dans le commerce. Elle promet cependant une surprise aux enfants et rajoute des œufs mollets, du porc et de la ciboule, donnant ainsi un air gourmand au plat.

Comme un nourrisson venant de naître, Ponyo exprime toutes les émotions de la découverte : l'impatience, la gourmandise et la somnolence après le repas.

45 min

DIFFICULTÉ :

INGRÉDIENTS

- 2 l d'eau
- 1 cube de bouillon de volaille
- Poudre de poulet
- 3 cuillères à soupe de sauce soja
- 2 cuillères à soupe de mirin
- 1 cuillère à café de sauce d'huître
- Sucre
- 4 gousses d'ail
- Huile de cuisson
- 250 g de porc (ex. : côtes sans os)
- 2 œufs frais
- 1 paquet de nouilles soba (ou autres, selon votre préférence)
- 1 poireau
- Une pincée de gingembre frais râpé ou émincé
- 300 ml de boisson au soja
- 1 oignon
- 2 cébettes
- Sel et poivre
- Facultatif : 1 spatule généreuse de pâte de soja blanc (miso)

RECETTE

1 Faites bouillir 1 l d'eau. Rajoutez-y le cube de bouillon de volaille, de la poudre de poulet et 1 cuillère à soupe de sauce soja ou 1 spatule généreuse de pâte de soja blanc. Goûtez régulièrement et ajustez l'assaisonnement en ajoutant progressivement de la poudre ou de la pâte de soja blanc, selon votre préférence.

2 Pendant que le bouillon chauffe, préparez la marinade : versez les 2 cuillères à soupe de sauce soja restantes dans un bol, le mirin et la sauce d'huître, et ajoutez 1 à 2 cuillères à soupe de sucre. Mélangez.

NOTES

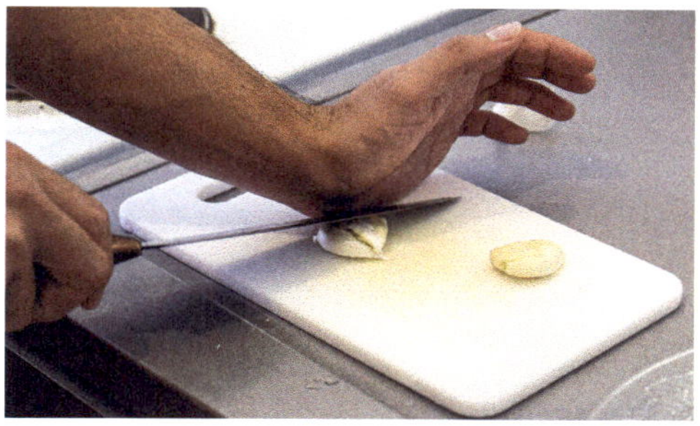

3 Écrasez 3 gousses d'ail avec le plat de votre couteau, puis coupez-les en fines lamelles. Ajoutez-les à la marinade.

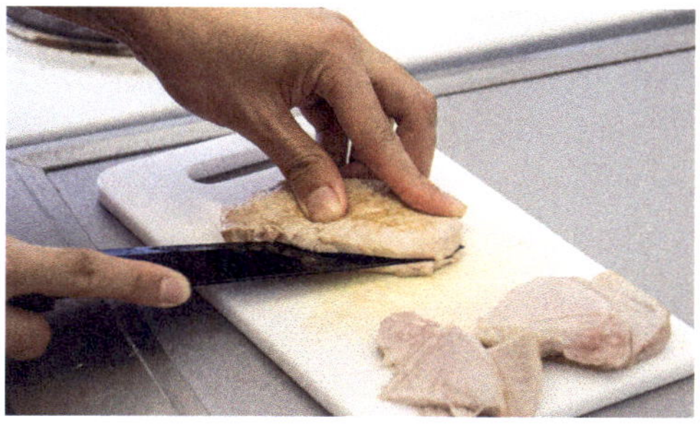

4 Huilez une poêle et faites cuire la viande des deux côtés jusqu'à ce qu'elle soit bien blanche. Émincez la viande en fines tranches, puis déposez-les dans la poêle avec la marinade. Faites revenir de chaque côté.

5 Dans une première casserole d'eau bouillante, mettez les œufs à chauffer pendant 6 min, puis retirez-les et écalez-les. Dans une seconde casserole, faites cuire les nouilles jusqu'à ce qu'elles soient bien molles et répartissez-les dans les 2 bols.

6 Lavez le poireau et coupez la partie blanche en rondelles. Ajoutez-les au bouillon, ainsi que la gousse d'ail restante, hachée, le gingembre, ainsi que la boisson au soja.

NOTES

7 Pendant que le bouillon cuit, coupez l'oignon et les cébettes en fines lamelles, et les œufs en deux.

8 Versez le bouillon dans deux bols contenant les nouilles. Mettez-y les moitiés d'œufs, les tranches de viande et parsemez le tout d'oignon et de cébettes. Salez et poivrez. Dégustez !

C'EST TERMINÉ !

LE CONTE DE LA PRINCESSE KAGUYA
Isao Takahata, 2013

POÊLÉE DE CHAMPIGNONS

ET SA VOLAILLE

CONTEXTE

Trouvée dans un bambou, Kaguya est élevée comme une fille de paysans. Profitant avec bonheur d'un mode de vie simple et proche de la nature, la petite fille grandit et se lie rapidement d'amitié avec les enfants de sa campagne.

Ses relations avec le jeune Sutemaru semblent s'orienter vers une idylle lors d'une chasse au faisan. Kaguya trouve des champignons pour accompagner cette viande, et les enfants se promettent de les déguster en poêlée le lendemain. Malheureusement, ce repas n'aura jamais lieu. Le père de la jeune fille décide qu'elle est destinée à une meilleure éducation. Il l'emmène vivre dans un château pour faire d'elle une princesse. Ce rendez-vous manqué est un des nœuds dramatiques de l'intrigue.

En ville, loin de ses amis, elle découvre le faste d'une vie de privilèges, où elle n'aura plus de liberté et perdra toute joie de vivre. Cet abandon soudain d'un repas frugal que sont une volaille et une poêlée de champignons symbolise également le renoncement à une vie simple et proche de la nature.

30 min

DIFFICULTÉ :

INGRÉDIENTS

250 g de poulet (ou autre volaille)
3 gousses d'ail
1 cuillère à soupe d'huile de sésame
1 cuillère à soupe de sauce soja
1 œuf
Sel et poivre
175 g de riz
250 g de champignons (de Paris, ou un mélange)
25 g de beurre
1 cuillère à soupe d'huile d'olive

RECETTE

1 Coupez le poulet en petits morceaux. Hachez l'ail et séparez-le en 2 portions égales.

2 Mettez-en une dans un saladier, puis ajoutez les morceaux de poulet, l'huile de sésame, la sauce soja, l'œuf, du sel et du poivre. Mélangez le tout et laissez reposer une dizaine de minutes. Pendant ce temps, faites cuire le riz dans de l'eau bouillante pendant 15 min après ébullition.

NOTES

3 Découpez les champignons en lamelles.

4 Dans une poêle, faites fondre le beurre, puis ajoutez l'huile d'olive et la portion d'ail restante. Faites sauter jusqu'à ce que l'ail jaunisse. Ajoutez les champignons et retournez-les en cours de cuisson.

NOTES

5 Sortez la marinade du frigo et versez-la dans la poêle. Faites bien revenir le poulet de chaque côté. Servez avec le riz.

C'EST TERMINÉ !

LE CHÂTEAU DANS LE CIEL
Hayao Miyazaki, 1986

RAGOÛT DE BŒUF

CONTEXTE

À la recherche d'un château dans le ciel, des êtres malintentionnés poursuivent la jeune Sheeta, innocente détentrice des secrets de la cité perdue. Attaquée au début du film par des pirates, elle finit par s'allier à eux. Les bandits vont s'avérer devenir une famille de substitution, puisque leur chef, une femme au tempérament rustre, se mue finalement en « Tante Dora ». Cette évolution a lieu dans le dirigeable des voyous où la petite fille se voit attribuer le poste de cuisinière. La pièce est dans un état de saleté avancé. Ils ne prennent que cinq repas par jour lui dit Dora avant d'ajouter : « N'abuse pas de nos réserves d'eau, surtout. » Le ton est donné !

C'est donc logiquement qu'une marmite gargantuesque laisse apparaître un ragoût à base de viande, pommes de terre et carottes. Sheeta n'a pas l'air éreintée, car elle a donné la corvée de patates et autres missions de commis aux pirates, tous tombés amoureux d'elle. Autour de la préparation de ce plat familial, le comportement de l'équipage change pour transformer définitivement la bande de Dora en gentils idiots inoffensifs.

5 h 45 min

DIFFICULTÉ :

INGRÉDIENTS

500 g de bœuf (ex. : macreuse)

4 carottes

3 oignons

10 pommes de terre à chair ferme de taille moyenne

Gros sel

400 g de riz

3 à 4 cuillères à soupe de fond de veau

25 g de beurre

Huile d'olive

100 g de farine

100 à 150 ml de vin rouge

3 cuillères à soupe de pâte de miso blanc

1 bouquet garni (laurier et thym)

400 g de coulis de tomates

Sel et poivre

RECETTE

1 Coupez la viande en gros dés. Épluchez les carottes et les oignons, puis tranchez-les en lamelles. Séparez vos rondelles de carottes en 2 récipients. Enlevez la peau des pommes de terre, puis coupez-les en 4.

2 Dans une casserole, chauffez de l'eau et plongez dedans les pommes de terre et une des 2 portions de carottes avec du gros sel Dans une autre casserole, préparez du riz blanc en laissant bouillir une quinzaine de minutes. Dans une troisième casserole, chauffez 1 l d'eau et ajoutez le fond de veau. Portez à ébullition.

NOTES

3 Dans une marmite, mettez le beurre et l'huile d'olive à feu moyen. Placez-y ensuite les morceaux de viande et faites-les dorer de chaque côté.

4 Retirez la viande et saupoudrez-la de farine. Réservez-la dans une assiette.

5 Dans la marmite, mettez l'autre moitié des carottes avec les oignons. Faites-les revenir, puis retirez-les et réservez-les dans une assiette en attendant l'étape suivante.

6 Enlevez l'huile de la marmite, puis versez le vin. Remettez alors la viande avec la pâte de miso blanc, les carottes et oignons de l'étape précédente, le bouquet garni, le coulis de tomates et le bouillon de la troisième casserole.

NOTES

7 Retirez les pommes de terre et les carottes de la première casserole, puis incorporez-les dans la marmite. Salez et poivrez. Couvrez, puis laissez mijoter à feu doux pendant 4 à 5 h Servez avec le riz blanc.

C'EST TERMINÉ !

PORCO ROSSO
Hayao Miyazaki, 1992

SPAGHETTIS BOLOGNAISE
ET LEURS BOULETTES

CONTEXTE

Porco Rosso est un film subtil et romanesque qui prend place dans l'Italie des années 1920 vue avec un certain exotisme par l'œil nippon de Hayao Miyazaki. Le pilote Marco, changé en cochon lors d'un vol, doit faire réparer son hydravion chez Paolo Piccolo. Il rencontre alors toutes les femmes de la famille Piccolo, engagées sur le chantier. Toute l'équipe se réunit au déjeuner autour d'un plat de spaghettis et de vin rouge. Ce repas, simple et traditionnel, est précédé d'une prière à laquelle Porco ne participe pas, et qui témoigne de son absence de foi et de son caractère désabusé.

Alors que les femmes préparent le repas, Paolo explique que les hommes sont partis travailler à cause de la crise. Il considère cependant que : « Les femmes sont extra. Elles bossent aussi bien que les hommes et elles sont plus courageuses. » Sur le point de déguster les pâtes, le pilote lui répond : « Sans doute, mais fabriquer un avion, c'est autre chose que de faire la cuisine. » Cette séquence de repas n'est donc pas centrée sur les pâtes, mais sur le rôle de la femme dans cette société.

25 min

DIFFICULTÉ :

INGRÉDIENTS

350 g de spaghettis

Quelques branches de persil, selon votre goût

2 gousses d'ail

200 g de viande hachée (de préférence porc)

1 cuillère à café de gingembre râpé

1 pincée d'ail en poudre

1 cuillère à soupe de paprika

1 cuillère à soupe de poudre de poulet

2 œufs

400 g de coulis de tomates

2 tomates

RECETTE

1 Dans une casserole, faites bouillir de l'eau, puis faites cuire les spaghettis (environ 10 min, selon le temps indiqué sur la boîte et la cuisson désirée).

2 Pendant ce temps, hachez le persil selon la quantité voulue, ainsi que les gousses d'ail.

NOTES

3 Mettez la viande dans un saladier et ajoutez-y le persil, l'ail haché, le gingembre, ainsi que l'ail en poudre, le paprika, la poudre de poulet et les œufs. Malaxez le tout.

4 Roulez la viande en autant de boulettes que vous le souhaitez. Elles doivent idéalement tenir dans le creux de la main. Faites-les dorer à la poêle de chaque côté. Retirez-les une fois prêtes.

NOTES

5 Mettez les spaghettis cuits dans la poêle ayant servi à cuire la viande, à feu doux, puis ajoutez-y le coulis et les tomates coupées en dés. Mélangez bien le jus de la viande avec tous les spaghettis pendant une bonne minute.

6 Disposez dans une assiette avec les boulettes.

C'EST TERMINÉ !

MES VOISINS LES YAMADA
Isao Takahata, 1999

BŒUF STROGANOV

CONTEXTE

Dans des saynètes mettant en scène les Yamada, le réalisateur Isao Takahata présente une famille japonaise moderne dans tout ce qu'elle peut avoir de drôle et de caricatural.

Matsuko, la mère, est à plusieurs moments la source de gags à cause de son absence de créativité et de volonté en cuisine, contrairement au mythe de cordon-bleu de la mère japonaise. Dans la séquence *Les deux font la paire*, la ménagère aimerait manger un plateau de sushis. Elle espère que sa mère Shige se propose de les préparer, mais prétend en commander. Aussitôt, la vieille dame se plaint de leur prix et offre de les faire elle-même.

Une fois devant les fourneaux, Shige se ravise et tente de mitoner un bœuf Stroganov. Premier problème, elle ne sait pas le prononcer… et second problème, elle ne sait pas le cuisiner ! Après une longue préparation, la grand-mère se contente de dire : « Désolée, c'est raté. Commande des sushis. »

Le ragoût russe qu'est le bœuf Stroganov n'est pas forcément compliqué à préparer, mais revêt surtout un caractère exotique pour une Shige aussi douée en cuisine que sa fille.

15 min

DIFFICULTÉ :

INGRÉDIENTS

Huile d'olive
½ oignon
300 g de bœuf
1 cuillère à café de paprika
Sel et poivre
50 ml de vin blanc sec
50 ml de crème liquide
1 cuillère à café de moutarde

RECETTE

1 Huilez la poêle légèrement. Chauffez à feu vif et déposez le ½ oignon coupé en lamelles.

2 Hachez votre viande en lamelles.

NOTES

3 Lorsque l'oignon commence à se colorer, ajoutez la viande en la répartissant bien dans la poêle, puis saupoudrez le tout de paprika, de sel et de poivre. Faites bien revenir des deux côtés jusqu'à ce que la viande soit cuite à votre goût. Arrosez avec le vin blanc.

4 Quand le vin blanc a réduit, versez la crème et mélangez. Dès réduction, éteignez le feu sous la poêle.

NOTES

5 Ajoutez la moutarde et mélangez encore. Servez dans deux assiettes.

C'EST TERMINÉ !

LE TOMBEAU DES LUCIOLES
Isao Takahata, 1988

ASSIETTE DE FRUITS DE MER

ET SON RIZ

CONTEXTE

Le *Tombeau des lucioles* raconte la misère de deux orphelins, Seita, 14 ans, et sa sœur de 4 ans, Setsuko. Ces derniers, livrés à eux-mêmes, vont connaître la faim qui finira par les emporter. Dans ce film à la fois dramatique et lyrique d'Isao Takahata, la nourriture prend une place importante.

Progressivement affamés par une tante qui les dépouille d'une partie de leurs biens, ils finissent par aller vivre seuls dans un abri où ils parviendront à rester des enfants et à reconstruire la douceur d'un foyer. Pour leur emménagement, ils cuisinent ensemble ce qui constituera leur dernier festin.

Ils pêchent des fruits de mer dans une rivière et font bouillir un navet qu'ils accompagnent du mets le plus enthousiasmant possible en cette période de guerre : du riz blanc. Les enfants rient et prennent du plaisir à manger sur une table proprement installée.

Le réalisateur montre les plats totalement vides et malgré ce repas copieux, les enfants pensent à manger des grenouilles, laissant entendre l'avancée de leur malnutrition.

45 min

DIFFICULTÉ :

INGRÉDIENTS

3 cuillères à soupe de sauce soja

2 cuillères à soupe de mirin

1 cuillère à soupe d'huile de sésame

½ citron

1 cuillère à café de pâte de soja blanc

3 gousses d'ail

35 g de coques

35 g de bulots

35 g d'amandes de mer

Sel

140 g de riz

2 ciboules

1 oignon

1 cuillère à soupe d'huile d'olive

RECETTE

1 Dans un saladier, versez la sauce soja, le mirin, l'huile de sésame, le citron et la pâte de soja. Émincez l'ail et incorporez-le dans la marinade en touillant. Laissez reposer.

2 Rincez les fruits de mer et laissez-les reposer 5 à 10 min dans un saladier avec de l'eau.

NOTES

3 Faites bouillir 75 cl d'eau. Égouttez les fruits de mer puis mettez-les dans la casserole. Ajoutez ensuite de l'eau jusqu'à les recouvrir. Salez. Faites cuire une bonne dizaine de minutes, puis égouttez.

4 Dans une autre casserole, faites cuire le riz pendant 15 min.

5 Coupez les ciboules et l'oignon en rondelles.

6 Faites chauffer une poêle, puis ajoutez l'huile d'olive. Mettez les fruits de mer dans la poêle, puis versez la marinade par-dessus. Faites revenir le tout.

NOTES

7 Ajoutez les ciboules et l'oignon, puis placez un couvercle sur la poêle et laissez mijoter 10 min à feu doux. Servez le riz dans une assiette avec les fruits de mer.

C'EST TERMINÉ !

KIKI LA PETITE SORCIÈRE
Hayao Miyazaki, 1989

TOURTE DE HARENGS AU POTIRON

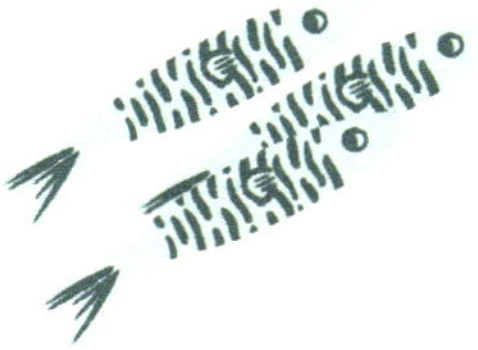

CONTEXTE

Kiki, 13 ans, part compléter son apprentissage de sorcière loin de sa famille. La découverte de l'indépendance dans une ville inconnue est ardue. Toutefois, l'adolescente décide de s'en sortir en créant un service de livraison... en balai. Elle est appelée par une dame âgée qui veut faire livrer un plat maison pour l'anniversaire de sa petite fille. Malheureusement, son four est en panne et elle ne peut pas mettre à cuire sa tourte de harengs au potiron. Refusant d'être payée sans effectuer de livraison, la petite sorcière va l'aider à faire chauffer son plat quitte à manquer une fête.

L'aspect de la tourte est rustique. Elle est faite avec amour, mais sa livraison sera décevante puisque la destinataire assènera à Kiki un « je déteste la tourte de harengs au potiron » en guise de remerciement. L'action se déroulant dans une ville européenne fantasmée, la préparation est sans doute typique de la région, un plat du terroir dont la grand-mère a fait sa spécialité. Les sorcières étant souvent associées aux citrouilles, le choix du potiron est probablement une référence aux clichés du genre.

1 h 10 min

DIFFICULTÉ :

INGRÉDIENTS

¼ de potiron ou 1 butternut, selon la saison

20 olives noires dénoyautées

2 gousses d'ail

1 oignon blanc de taille moyenne

3 pincées de sel

2 pincées de poivre

1 pincée de paprika

25 g de beurre salé

1 cuillère à soupe d'huile d'olive

200 mL de crème liquide

4 filets de hareng fumé

2 pâtes brisées

1 œuf

RECETTE

1 Évidez le potiron et coupez-le en cubes. Faites-le cuire une vingtaine de minutes à la vapeur.

2 Émincez 10 olives, hachez l'ail et découpez l'oignon en rondelles.

3 Lorsque le potiron devient mou, retirez-le du feu et écrasez-le afin d'obtenir une purée, en y ajoutant le sel, le poivre, le paprika, le beurre et les olives émincées.

NOTES

4 Faites revenir l'ail dans l'h avec l'oignon jusqu'à ce que l'ail roussisse, puis ajoutez la crème liquide. Mélangez bien et faites chauffer, puis versez dans la purée de potiron. Amalgamez le tout.

5 Étalez le mélange au fond du récipient beurré dans lequel vous allez faire cuire la tourte, en vous assurant que la purée est bien disposée à plat et uniformément.

6 Préchauffez le four à 180° C. Coupez le hareng fumé en petits morceaux et placez-les régulièrement sur la purée.

7 Recouvrez d'une pâte brisée, puis découpez dans l'autre (ou dans les restes de la première) de fines lanières à disposer sur la pâte entière (voir photo).

NOTES

8 Vous pouvez reproduire le poisson du film en le découpant (forme et écailles) dans un autre morceau de pâte brisée. Placez ensuite le poisson au-dessus des lanières.

9 Avec la pointe d'un couteau, percez 10 petits trous en croix sur les bords au niveau des lanières et badigeonnez le tout avec du jaune d'œuf. Placez les 10 olives restantes dans les trous, pour la décoration.

10 Enfournez la tourte à 180 °C pendant 40 min.

C'EST TERMINÉ !

LES RECETTES SUCRÉES

LE VOYAGE DE CHIHIRO
Hayao Miyazaki, 2001

BRIOCHES AUX HARICOTS ROUGES

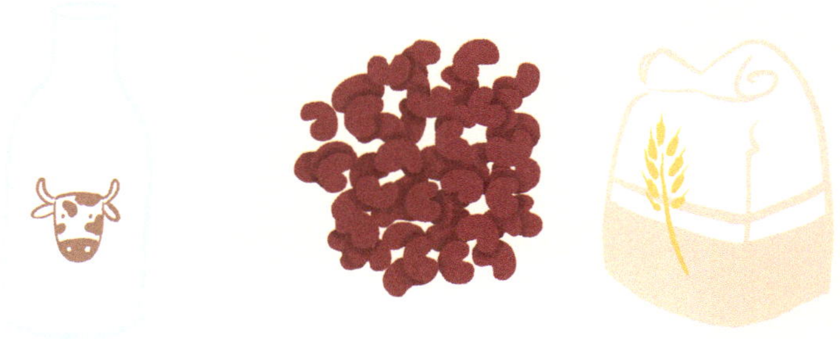

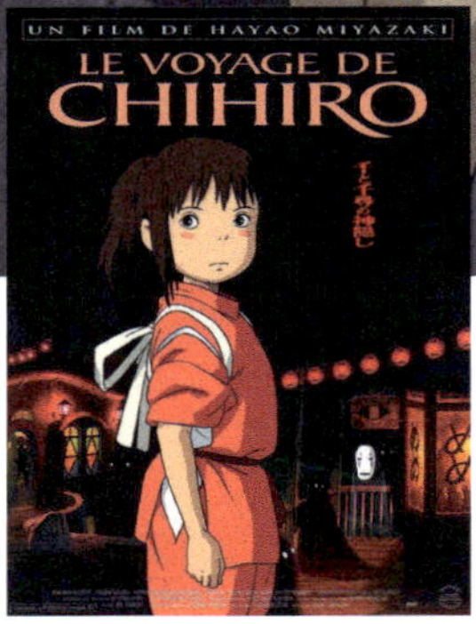

CONTEXTE

Travaillant dans l'*onsen* des esprits, Chihiro parvient à libérer l'esprit d'une rivière polluée par des déchets. En remerciement, ce dernier lui offre une étrange boulette. Suite à son éprouvant travail, la petite fille mange un *anpan* avec sa collègue Lin.

Cette viennoiserie, aussi classique pour un Japonais que peut l'être un pain au chocolat pour un Français, est composée d'une brioche traditionnellement fourrée à la pâte de haricots rouges, mais peut également être garnie au sésame ou aux châtaignes. La pâtisserie est pratiquement aussi grosse que le visage de Chihiro et paraît faire office de repas.

La protagoniste goûte à l'étrange boulette en sa possession, ce qui lui hérisse les cheveux. Elle utilise alors l'*anpan* pour faire passer le goût. Ce cadeau lui servira plus tard à libérer l'esprit Sans-Visage de son appétit dément.

Si la cuisine japonaise repose avant tout sur un équilibre alimentaire, *Le Voyage de Chihiro* évoque à de nombreuses reprises le thème de la gloutonnerie. L'excès de nourriture d'un personnage y est systématiquement sanctionné.

3 h

DIFFICULTÉ : ●●●● •

INGRÉDIENTS

125 ml de lait
1 cuillère à soupe de levure sèche active
200 g de farine
1 pincée de levure chimique
1 pincée de sel
10 g de sucre
500 g de pâte de haricots rouges
1 sachet (2 g) d'agar-agar
Huile d'olive
Matériel : un cuit-vapeur

RECETTE

1 Dans un saladier, versez le lait, la levure sèche active, 125 g de farine, la levure chimique, le sel et le sucre, et mélangez bien. Incorporez-le tout jusqu'à obtenir une pâte à consistance molle.

2 Sur votre plan de travail fariné, déposez la pâte et saupoudrez-la généreusement de farine. Roulez-la, ajoutez de nouveau de la farine, etc. Travaillez-la pendant 10 à 15 min.

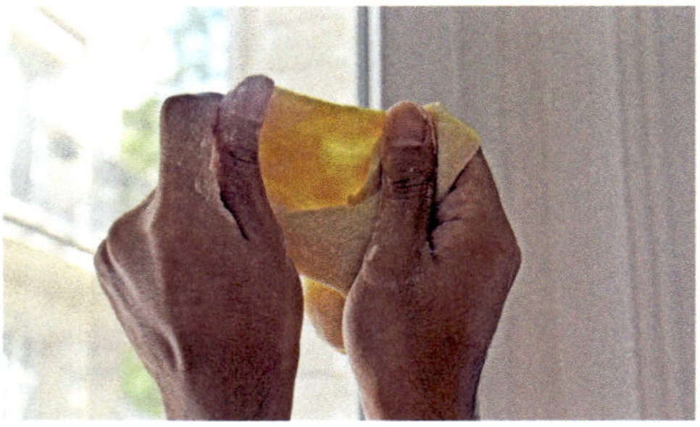

3 Si vous l'étirez, vous devez pouvoir voir la lumière à travers sans qu'elle se déchire. Formez alors une boule et déposez-la dans un récipient. Couvrez et maintenez à température ambiante, plutôt chaude, pendant 1 h 30 min.

NOTES

4 Pendant ce temps, dans une casserole, mettez la pâte de haricots rouges, l'agar-agar et suffisamment d'eau pour recouvrir la pâte. Faites chauffer à feu moyen en remuant, jusqu'à ce que l'eau se soit évaporée. Laissez refroidir.

5 Sortez la boute de pâte du récipient, étalez-la en rectangle sur votre plan de travail fariné, puis roulez-la en cylindre. Divisez-la ensuite en 3 gros morceaux pour confectionner les brioches.

6 Pincez-les sur le dessous et roulez chaque morceau afin d'obtenir des boules régulières. Couvrez-les pendant 20 min.

7 Aplatissez-les avec un rouleau à pâtisserie afin d'avoir des bords plus épais et un centre plus creux. Garnissez de la pâte de haricots rouges. Repliez les bords de manière régulière tout autour pour fermer les brioches. Les doigts enduits d'huile d'olive, tordez le haut des brioches afin de les sceller efficacement.

NOTES

8 Placez-les sur du papier cuisson, fermeture vers le bas. Laissez-les reposer 10 min.

9 Déposez-les ensuite dans le cuit-vapeur pendant 10 min.

C'EST TERMINÉ !

SI TU TENDS L'OREILLE
Yoshifumi Kondô, 1995

PETITS SABLÉS

CONTEXTE

Dans *Si tu tends l'oreille*, Shizuku s'interroge sur son avenir sur fond de romance avec Seiji, un apprenti luthier. Bien décidée à prendre son destin en main et à prendre des risques, elle annonce pendant un goûter avec sa meilleure amie qu'elle va écrire un roman.

Du thé est servi à table avec des petits gâteaux. Une partie de ces biscuits sont ronds et ont une apparence de sablés. Mais ce sont davantage les longs biscuits chocolatés les accompagnant qui évoquent le plus la culture japonaise. Ce sont clairement des Pocky.

Ces snacks sucrés commercialisés au Japon en 1966 ne sont arrivés en France qu'en 1982 sous le nom de Mikado. Alors qu'en Europe, les différents parfums de Mikado sont apparus très tardivement, au pays du Soleil levant, il en existe toutes sortes, notamment les classiques : chocolat au lait, fraise ou encore thé matcha. Suivant une politique marketing très répandue sur de nombreux produits de l'archipel comme les Kit Kat, la gamme Pocky inclut des goûts en séries limitées et inscrits sur la saisonnalité.

2 h

DIFFICULTÉ :

INGRÉDIENTS

90 g de beurre demi-sel
60 g de sucre
2 g d'extrait de vanille
1 œuf
150 g de farine

RECETTE

1 Versez le beurre ramolli, le sucre et l'extrait de vanille dans un saladier. Battez bien le tout afin d'obtenir un mélange homogène.

2 Ajoutez ensuite le jaune d'œuf et incorporez-le au fouet.

NOTES

3 Ajoutez la farine et mélangez bien. Lorsque l'ensemble devient pâteux, malaxez avec vos mains jusqu'à former une boule.

4 Mettez la pâte dans un récipient et faites reposer 1 h 30 min au réfrigérateur. Lorsqu'elle a reposé, mettez-la entre 2 feuilles de papier cuisson et aplatissez-la au rouleau.

NOTES

5 Retirez la première feuille de papier et utilisez un emporte-pièce pour découper des morceaux de pâte de la forme que vous désirez pour vos sablés.

6 Préchauffez le four à 180 °C puis enfournez les biscuits pendant une dizaine de minutes selon leur taille. Laissez refroidir avant de déguster !

C'EST TERMINÉ !

ARRIETTY : LE PETIT MONDE DES CHAPARDEURS
Hiromasa Yonebayashi, 2010

BISCUITS À LA CONFITURE

CONTEXTE

L'action d'*Arrietty : le Petit Monde des Chapardeurs* se situe dans deux mondes qui coexistent, mais qui ne sont pas supposés se rencontrer. Le destin de Shô, adolescent malade en attente d'une opération cardiaque, va croiser celui d'Arrietty, appartenant à l'espèce des Chapardeurs. Ces derniers sont des êtres miniatures vivant de manière frugale d'imperceptibles vols dans le monde des humains.

La rencontre fortuite de ces deux jeunes ne rêvant que d'un confident comprenant leur solitude provoquera pourtant le départ des Chapardeurs. Dans leur quête d'un nouveau foyer, le père d'Arrietty est sauvé par Spiller, un autre de ces petits humains. Invité dans la maison de poupée dans laquelle la famille habite depuis longtemps, du thé et des biscuits à la confiture lui sont servis en remerciement.

Cependant, Spiller est un Chapardeur sauvage. Il préfère son cuissot de grillon au goûter qui lui est offert. Cette opposition entre le raffinement des mets est aussi celle de deux modes de vie : nomade et sédentaire.

1 h 30 min

DIFFICULTÉ :

INGRÉDIENTS

250 g de farine
125 g de sucre glace
½ sachet de levure chimique
1 sachet de sucre vanillé
125 g de beurre
1 œuf
2 g de sel
6 grosses cuillères à soupe
de confiture de votre choix

RECETTE

1 Dans un saladier, tamisez la farine et le sucre glace pour éviter les grumeaux. Ajoutez ensuite la levure et le sucre vanillé et mélangez.

2 Découpez le beurre (de préférence à température ambiante) en petits cubes et incorporez-les au mélange en les écrasant et en malaxant.

NOTES

3 Battez l'œuf rapidement et ajoutez-le au mélange, avec le sel. Malaxez jusqu'à obtenir une pâte homogène. Laissez-la reposer au frigo 1 h.

4 Préchauffez le four à 150 °C. Saupoudrez le plan de travail de farine et sortez la pâte du frigo. À l'aide d'un rouleau à pâtisserie, étalez-la pour lui donner une épaisseur de 3 à 4 mm. Découpez des biscuits dans la pâte avec un emporte-pièce.

NOTES

5 Mettez-les à cuire pendant 10 min. Surveillez-les afin qu'ils ne deviennent pas trop jaunes ni trop cuits. Ils doivent avoir une apparence blanche et moelleuse.

6 Sortez-les du four, laissez-les refroidir et ajoutez la confiture.

C'EST TERMINÉ !

LE ROYAUME DES CHATS
Hiroyuki Morita, 2002

MŒLLEUX À LA VANILLE

CONTEXTE

Haru, une lycéenne japonaise, sauve un chat d'une mort certaine. En remerciement, la jeune femme est invitée à épouser le prince du royaume des chats. Pour échapper à ce mariage, elle se rend au ministère des Chats où elle rencontre Baron, un petit félin au raffinement britannique.

Haut-de-forme et costume queue-de-pie, ce dernier l'invite pour un thé auquel il propose d'ajouter du citron ou du lait, selon la tradition anglaise. En accompagnement, il lui offre un moelleux à la vanille.

Véritable institution de l'autre côté de la Manche, l'*afternoon tea* est accompagné d'une collation ou d'un buffet qui peut être sucré ou salé. Les mets traditionnellement servis sont des sandwichs aux œufs durs, au concombre, des scones ou des gâteaux à base de génoise. Ceux-ci sont habituellement servis, comme dans *Le Royaume des chats*, avec de la *clotted cream*, une crème épaisse.

Cette séquence du thé est suivie un peu plus tard d'une scène de rétrécissement d'Haru qui rappelle le gâteau qui fait grandir dans *Alice au pays des merveilles*, de Lewis Carroll.

1 h et 35 min

DIFFICULTÉ :

INGRÉDIENTS

85 g de *cream cheese*
30 g de beurre demi-sel
65 ml de lait
3 œufs
35 g de farine
10 g de fécule de maïs
2 g d'extrait de vanille
55 g de sucre

RECETTE

1 Dans une casserole, mettez le *cream cheese*, le beurre et le lait à feu doux, puis mélangez jusqu'à obtenir une texture liquide mais épaisse.

2 Séparez les jaunes des blancs d'œufs dans deux saladiers différents. Fouettez les jaunes, puis versez dedans la mixture obtenue précédemment. Amalgamez le tout.

NOTES

3 À l'aide d'un tamis, incorporez la farine additionnée de fécule de maïs. Ajoutez ensuite l'extrait de vanille et mélangez.

4 Montez les blancs d'œufs en neige en versant le sucre (en 3 fois) jusqu'à obtenir une texture légèrement crémeuse. Attention : ne battez pas trop les blancs d'œufs, car le gâteau risque alors d'être sec. Il faut que les blancs ne soient ni trop compacts, ni trop liquides.

5 Incorporez les blancs en neige dans la pâte obtenue précédemment et mélangez.

6 Préchauffez le four à 120 °C. Dans un moule rond, versez le mélange. Placez ensuite le moule dans un récipient et ajoutez de l'eau tiède dans ce dernier pour préparer un bain-marie. Mettez le tout au four à 120 °C pendant 20 min, 150 °C pendant 20 min, 110 °C pendant 30 min, puis enfin 180 °C pendant 5 min.

NOTES

7 Sortez le gâteau du four et démoulez-le.

C'EST TERMINÉ !

NAUSICAÄ DE LA VALLÉE DU VENT
Hayao Miyazaki, 1984

GÂTEAU AUX NOIX

CONTEXTE

Dans un monde post-apocalyptique, les humains cherchent à survivre sur une terre devenue pratiquement irrespirable. Nausicaä, princesse de la Vallée du vent, tente d'aider au mieux l'humanité au mépris des guerres de royaumes ou encore de l'inutile combat entre l'homme et la nature.

Lors de son périple, elle sauve la vie de Asbel, un prince qui a soif de vengeance. Ensemble, ils découvrent que sous la forêt toxique, l'air est respirable. Dans cette oasis, la jeune fille offre à son camarade des « noix de chico ». Nausicaä, cherchant à comprendre la nature plutôt qu'à la combattre, lui donne ce produit venant d'une terre malade. Ces noix, offertes à la princesse par des enfants, représentent le cadeau de la terre. Le jeune homme trouve leur goût « horrible », mais l'existence de ces graines de l'espoir prouve en réalité que la terre n'est pas encore complètement stérile.

La princesse lui explique que la noix est bonne pour la santé, et Asbel en ingurgite une poignée, changeant alors d'attitude. Ce geste symbolise son ouverture progressive à la cause de Nausicaä.

1 h

DIFFICULTÉ : ●● • • •

INGRÉDIENTS

250 g de noix mélangées
(cajou, amandes, cacahuètes, etc.)

4 œufs

250 g de sucre en poudre

125 g de beurre

150 ml de lait

1 sachet de levure chimique

180 g de farine

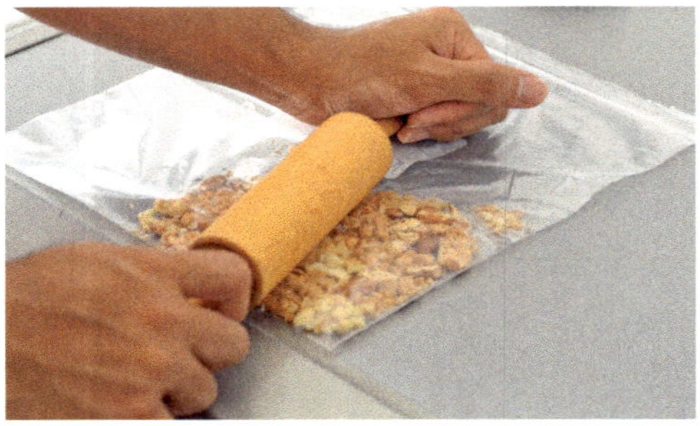

1 Écrasez les noix dans un sac plastique à l'aide d'un rouleau à pâtisserie afin de conserver toute la poudre de noix.

2 Séparez dans deux récipients les blancs des jaunes d'œufs. Dans un saladier, mélangez le sucre en poudre, le beurre ramolli et les jaunes d'œufs. Lorsque la mixture est bien homogène, ajoutez le lait, les noix, la levure chimique et la farine. Mélangez jusqu'à épaississement.

3 Montez les blancs en neige, puis ajoutez-les à la pâte en deux fois en les incorporant délicatement avec une spatule. Aérez bien la pâte.

4 Préchauffez le four à 180 °C, puis versez la pâte dans le moule de votre choix (beurré et fariné si nécessaire) et enfournez pendant 40 min. Laissez tiédir avant de déguster !

NOTES

LE VENT SE LÈVE
Hayao Miyazaki, 2013

CASTELLA SIBERIA

CONTEXTE

Tout ramène Jirô Horikoshi aux avions et à son désir obsessionnel de voler dans cette biographie inspirée de la vie de l'ingénieur en aéronautique. Ses songes n'en sont pas exempts, puisqu'il y voit des ailes d'avion dans les arêtes d'un hareng.

Il découvre un soir de jeunes enfants livrés à eux-mêmes qui attendent seuls le retour de leurs parents. Jirô leur offre les parts du gâteau siberia qu'il vient d'acheter dans une échoppe. Ils refusent et prennent peur, lui prêtant sans doute de mauvaises intentions. Son meilleur ami lui dira ensuite que de nombreux enfants meurent de faim au Japon, comme une piqûre de rappel au monde réel.

Le siberia était une pâtisserie très prisée dans l'archipel entre les années 1920 et 1960. Elle se compose d'une sorte de génoise appelée *kasutera* ou *castella* fourrée d'une couche de pâte de haricots rouges. Un peu disparu des pâtisseries japonaises ces dernières années, ce gâteau d'autrefois a été remis à la mode avec la sortie du film.

1 h 30 min (+ 4 h au réfrigérateur)

DIFFICULTÉ :

INGRÉDIENTS

115 g de beurre doux
115 ml de lait entier
7 œufs
115 g de farine
115 g de sucre
120 ml d'eau
500 g de pâte de haricots rouges
10 g d'agar-agar

RECETTE

1 Dans une casserole, mettez le beurre et le lait et faites chauffer à feu moyen en mélangeant régulièrement. Lorsque le tout a bien fondu, retirez du feu pour laisser tiédir.

2 Séparez les jaunes des blancs d'œufs dans deux récipients différents. Tamisez la farine dans un saladier et incorporez la mixture tiède dedans jusqu'à obtenir une pâte. En 3 fois, versez les jaunes d'œufs et malaxez.

NOTES

3 Fouettez les blancs d'œufs en ajoutant lentement le sucre. Il doit se former une meringue liquide et légère qui reste sur le fouet.

4 Intégrez petit à petit la meringue à la pâte et intégrez petit à petit jusqu'à obtention d'un mélange d'une seule couleur.

5 Préchauffez le four à 150 °C. Versez la pâte dans un grand moule tapissé de papier de cuisson. Placez le moule dans une lèchefrite avec un fond d'eau. Enfournez à 150 °C pendant 1 h, puis sortez le moule et laissez refroidir 10 min avant de démouler le gâteau.

6 Pendant le refroidissement, faites bouillir les 120 ml d'eau, versez la pâte de haricots rouges dedans, puis l'agar-agar et faites chauffer jusqu'à dissolution totale. Laissez refroidir.

NOTES

7 Découpez la pâte en 2, puis, sur l'une des faces, étalez la pâte de haricots rouges en la répartissant uniformément. Posez l'autre face par-dessus, exposant le côté plus doré, et réfrigérez le tout pendant 4 h.

8 Découpez en triangles avant de servir.

C'EST TERMINÉ !

SOUVENIRS GOUTTE À GOUTTE
Isao Takahata, 1991

GÂTEAU À L'ANANAS

CONTEXTE

Souvenirs goutte à goutte présente des bribes d'enfance de Taeko, une jeune citadine qui rêvait de campagne. Ces flash-back sont un prétexte : ils servent à montrer la société japonaise en 1966 à travers les yeux d'une petite fille de 10 ans. Les années 1960 ont vu un fort développement économique de l'archipel et son internationalisation. L'hésitation de Taeko entre une vie à la campagne ou à la ville est aussi celle du Japon entre ses traditions et sa mutation moderne.

Un jour, Taeko convainc son père d'acheter un ananas entier dans le quartier de luxe de Ginza. Le problème c'est que les citadins ne savent pas comment ça se mange ! Le fruit est un produit exotique que les Japonais ne connaissent que sous forme de conserve. Après plusieurs jours d'attente, le temps d'avoir étudié comment le préparer, la famille déguste l'ananas. Cette dernière est déçue, le jugeant peu sucré.

Il y a quelque chose de comique dans le découpage de l'ananas tandis que toute la famille est attroupée autour de la mère qui l'épluche, regardant le fruit comme une bête curieuse.

1 h

DIFFICULTÉ :

INGRÉDIENTS

80 g de beurre

230 g de sucre

1 cuillère à soupe de vanille liquide

3 œufs

180 g de farine

1 sachet de levure chimique

1 pincée de sel

4 cuillères à soupe d'eau

1 boîte d'ananas en tranches

Facultatif : un fond de verre de rhum

Facultatif : 2 gouttes de citron

RECETTE

1 Fouettez le beurre, 80 g de sucre et la vanille liquide dans un récipient jusqu'à obtenir une pâte.

2 Battez les œufs et versez-les par-dessus. Fouettez de nouveau.

3 En les passant au tamis, ajoutez tout doucement la farine et la levure chimique au mélange, en remuant. Fouettez une dernière fois en ajoutant la pincée de sel et le rhum, si vous le désirez.

NOTES

4 Beurrez bien votre moule, puis déposez dedans une feuille d'aluminium découpée au format de celui-ci. Beurrez ensuite cette feuille d'aluminium après l'avoir bien aplatie. Préchauffez le four à 180 °C.

5 Préparez maintenant le caramel : faites dissoudre le sucre restant avec les cuillères d'eau dans une casserole à feu doux, mélangez bien le tout. Vous pouvez y ajouter le citron. Lorsque le mélange est roux, remuez bien la casserole en faisant de grands mouvements circulaires.

NOTES

6 Versez dans le moule en vous assurant de recouvrir toute la surface de celui-ci.

7 Posez ensuite les tranches d'ananas sur le caramel. Versez la pâte par-dessus et aplanissez-la.

8 Mettez au four à 180 °C pendant 45 min. Laissez un peu refroidir avant de déguster.

C'EST TERMINÉ !

KIKI LA PETITE SORCIÈRE
Hayao Miyazaki, 1989

GÂTEAU AU CHOCOLAT

CONTEXTE

Lors de la seconde rencontre entre la propriétaire âgée et Kiki, la vieille dame veut remercier la sorcière pour son dévouement à avoir livré sa tourte de harengs au potiron. Elle trouve un prétexte afin de la faire venir chez elle pour lui offrir un gâteau au chocolat.

Il est gourmand ; son glaçage est brillant. L'attention portée à la décoration avec le nom de Kiki et un dessin de celle-ci sur son balai émeut l'adolescente. La grand-mère lui explique qu'elle lui en fera un autre pour son anniversaire quand elle en saura la date. La sorcière plaisante alors avec elle en lui disant qu'elle lui souhaitera également le sien.

Parler d'anniversaire fait implicitement référence à la livraison de la tourte qui n'avait pas fait plaisir à sa destinataire. La scène sous-entend que ces deux femmes se sont trouvées : Kiki, qui cherchait à être aimée dans cette ville, et la vieille dame, qui avait de l'amour à donner. Le gâteau au chocolat n'est donc pas qu'une gourmandise pour les papilles, mais aussi pour le cœur des deux personnages.

1 h 45 min

DIFFICULTÉ :

INGRÉDIENTS

4 œufs
320 g de sucre
65 ml de lait
2 g d'extrait de vanille
35 g de farine
100 g de poudre de cacao
1 sachet de levure chimique
125 ml d'eau
120 ml de crème liquide
5 à 6 feuilles de gélatine
Facultatif : pâtes à sucre blanche, verte et rouge

1 Dans deux saladiers différents, séparez les blancs et les jaunes d'œufs. Battez les jaunes, puis ajoutez 50 g de sucre. Mélangez jusqu'à obtention d'une pâte homogène.

2 Versez ensuite dedans le lait, l'extrait de vanille et, à l'aide d'une passoire, incorporez la farine, 35 g de poudre de cacao et la levure chimique. Mélangez le tout.

3 Battez les blancs en neige, puis versez 50 g de sucre en 3 fois. Attention à ne pas trop les battre : il faut qu'ils restent légèrement liquides.

4 Incorporez les blancs à la pâte. Versez ensuite le mélange dans un moule à gâteau (ici : moule à manqué). Préchauffez le four à 120°C.

NOTES

5 Mettez le moule dans un récipient et versez de l'eau chaude dans ce dernier. Placez ensuite le tout au four pendant 20 min à 120°C, puis 20 min à 150°C, puis 30 min à 110°C et enfin 5 min à 180°C. Sortez et laissez refroidir.

6 Dans une casserole, faites bouillir les 125 ml d'eau avec le sucre restant. Lorsque le liquide devient blanc, enlevez la casserole du feu.

7 Ajoutez ensuite la poudre de cacao restante et la crème liquide. Fouettez le tout et remettez sur le feu.

8 Déposez les feuilles de gélatine dans un récipient contenant de l'eau fraîche pendant 1 min. Quand les feuilles sont amollies, déposez-les dans la casserole et mélangez.

NOTES

9 Quand le tout est bien homogène, filtrez le glaçage à la passoire et laissez refroidir.

10 Démoulez la génoise sur une volette à pâtisserie, puis versez le glaçage uniformément sur le gâteau. Laissez reposer.

11 Optionnel : malaxez les pâtes à sucre afin de former des boules un peu souples, puis aplatissez-les au rouleau.

12 Optionnel : Dessinez sur une feuille Kiki, Jiji, un petit sapin et les lettres K I K I selon le modèle, puis découpez les pâtes autour de vos patrons en papier. Disposez les éléments décoratifs sur le gâteau.

C'EST TERMINÉ !

CRÉDITS ICONOGRAPHIQUES :

Dépôt légal : novembre 2020
ISBN : 978-2-37697-174-0
Imprimé en octobre 2021 par L.E.G.O. S.p.A. en Italie, 8e tirage